Practicing Numbers
1—50

Name

Date

/ /

To parents/guardians: Your child will first review the numbers 1—50. If they are having difficulty with this section, try some extended practice with numbers before continuing.

■ Say each number aloud as you trace it.

1	2	3	4	5	6	7	8	9	10
1	2	3	4	5	6	7	8	9	10

11	12	13	14	15	16	17	18	19	20
11	12	13	14	15	16	17	18	19	20

21	22	23	24	25	26	27	28	29	30
21	22	23	24	25	26	27	28	29	30

31	32	33	34	35	36	37	38	39	40
31	32	33	34	35	36	37	38	39	40

41	42	43	44	45	46	47	48	49	50
41	42	43	44	45	46	47	48	49	50

3 2

■ Say each number aloud as you write it.

1	2	3	4	5	6	7	8	9	10
1	2	3	4	5	6	7	8	9	10

11	12	13	14	15	16	17	18	19	20
11	12	13	14	15	16	17	18	19	20

21	22	23	24	25	26	27	28	29	30
21	23	23	24	25	26	27	27	27	30

31	32	33	34	35	36	37	38	39	40
31	32	33	34	35	36	36	38	39	40

41	42	43	44	45	46	47	48	49	50
41	42	43	44	45	46	47	48	49	50

2 Practicing Addition
1 + 1 to 9 + 3

To parents/guardians: Your child will now review some simple addition, which will help them transition to simple multiplication.

■ Add.

(1) $1 + 1 = 2$

(2) $2 + 1 = 3$

(3) $4 + 1 = 5$

(4) $3 + 1 = 4$

(5) $5 + 1 = 6$

(6) $6 + 1 = 7$

(7) $8 + 1 = 9$

(8) $9 + 1 = 10$

(9) $7 + 1 = 8$

(10) $6 + 1 = 7$

(11) $2 + 2 = 4$

(12) $3 + 2 = 5$

(13) $1 + 2 = 3$

(14) $4 + 2 = 6$

(15) $6 + 2 = 8$

(16) $5 + 2 = 7$

(17) $7 + 2 = 9$

(18) $9 + 2 = 12$

(19) $8 + 2 = 10$

(20) $4 + 2 = 6$

■ Add.

(1) $1 + 3 = 4$

(2) $3 + 3 = 6$

(3) $4 + 3 = 7$

(4) $2 + 3 = 5$

(5) $5 + 3 = 8$

(6) $7 + 3 = 10$

(7) $8 + 3 = 11$

(8) $6 + 3 = 9$

(9) $9 + 3 = 12$

(10) $8 + 3 = 11$

(11) $3 + 1 = 4$

(12) $2 + 2 = 4$

(13) $4 + 3 = 7$

(14) $1 + 1 = 2$

(15) $6 + 2 = 8$

(16) $5 + 3 = 8$

(17) $7 + 1 = 8$

(18) $9 + 2 = 11$

(19) $8 + 3 = 11$

(20) $2 + 1 = 3$

3 Practicing Addition
1 + 1 to 9 + 5

To parents/guardians: After your child finishes one sheet, please check the answers. If your child seems to have made a mistake in the answer, ask them to think again. If your child gets all the answers correct, please offer lots of praise.

■ Add.

(1) $1 + 4 = 5$

(2) $3 + 4 = 7$

(3) $2 + 4 = 6$

(4) $4 + 4 = 8$

(5) $5 + 4 = 9$

(6) $7 + 4 = 11$

(7) $6 + 4 = 10$

(8) $8 + 4 = 12$

(9) $9 + 4 = 13$

(10) $5 + 4 = 9$

(11) $2 + 5 = 7$

(12) $1 + 5 = 6$

(13) $3 + 5 = 8$

(14) $5 + 5 = 10$

(15) $6 + 5 = 11$

(16) $4 + 5 = 9$

(17) $7 + 5 = 12$

(18) $8 + 5 = 13$

(19) $9 + 5 = 14$

(20) $4 + 5 = 9$

■ Add.

(1) $2 + 1 = 3$

(2) $6 + 2 = 8$

(3) $9 + 3 = 12$

(4) $1 + 4 =$

(5) $6 + 5 =$

(6) $4 + 1 =$

(7) $3 + 2 =$

(8) $7 + 3 =$

(9) $9 + 4 =$

(10) $2 + 5 =$

(11) $8 + 3 =$

(12) $1 + 2 =$

(13) $5 + 5 =$

(14) $7 + 1 =$

(15) $3 + 4 =$

(16) $9 + 5 =$

(17) $8 + 1 =$

(18) $5 + 2 =$

(19) $2 + 4 =$

(20) $4 + 3 =$

4 Practicing Numbers
1 — 10

Name

Date
/ /

To parents/guardians: The aim of this unit is to expose your child to the concept of multiplication in a fun way. In activities such as drawing lines or tracing numbers in a number chart, your child should say the numbers out loud as they proceed.

■ Draw a line from 1 to 10 in order while saying each number aloud.

■ Say each number aloud as you trace it.

1	2	3	4	5	6	7	8	9	10

■ Add.

(1) $1 + 1 = 2$

(2) $1 + 1 + 1 = 3$

(3) $1 + 1 + 1 + 1 = 4$

(4) $1 + 1 + 1 + 1 + 1 = 5$

(5) $1 + 1 + 1 + 1 + 1 + 1 = 6$

(6) $1 + 1 + 1 + 1 + 1 + 1 + 1 = 7$

(7) $1 + 1 + 1 + 1 + 1 + 1 + 1 + 1 = 8$

(8) $1 + 1 + 1 + 1 + 1 + 1 + 1 + 1 + 1 = 9$

(9) $1 + 1 + 1 + 1 + 1 + 1 + 1 + 1 + 1 + 1 = 10$

■ Say each number aloud as you trace it.

| 1 | 2 | 3 | 4 | 5 | 6 | 7 | 8 | 9 | 10 |

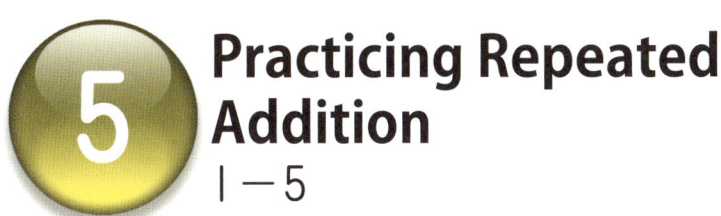

Practicing Repeated Addition

1 — 5

Name

Date / /

To parents/guardians: Repeated addition is good preparation for multiplication. In order to help your child see the link between multiplication and repeated addition, ask them how many ones there are in the number sentences below.

■ Say each number aloud as you trace it.

(1) $1 + 1 = 2$

(2) $1 + 1 + 1 = 3$

(3) $1 + 1 + 1 + 1 = 4$

(4) $1 + 1 + 1 + 1 + 1 = 5$

■ Write the numbers on the number line. Then add the numbers below.

(1) $1 + 1 =$

(2) $1 + 1 + 1 =$

(3) $1 + 1 + 1 + 1 =$

(4) $1 + 1 + 1 + 1 + 1 =$

■ Say each number aloud as you trace it.

| 6 | 7 | 8 | 9 | 10 |

(1) $1+1+1+1+1+1 = 6$

(2) $1+1+1+1+1+1+1 = 7$

(3) $1+1+1+1+1+1+1+1 = 8$

(4) $1+1+1+1+1+1+1+1+1 = 9$

(5) $1+1+1+1+1+1+1+1+1+1 = 10$

■ Write the numbers on the number line. Then add the numbers below.

| 6 | | | | |

(1) $1+1+1+1+1+1 =$

(2) $1+1+1+1+1+1+1 =$

(3) $1+1+1+1+1+1+1+1 =$

(4) $1+1+1+1+1+1+1+1+1 =$

(5) $1+1+1+1+1+1+1+1+1+1 =$

6 Multiplication 1
1 × 1 to 1 × 10

Name

Date
/ /

To parents/guardians: Starting on this page, your child will practice the multiplication table for the number 1. If your child has difficulty understanding these number sentences, help them understand that 1 × 3 is "three groups of one."

■ Read the multiplication table aloud.

Multiplication Table

(1)	1 × 1 = 1	One times one is one.
(2)	1 × 2 = 2	One times two is two.
(3)	1 × 3 = 3	One times three is three.
(4)	1 × 4 = 4	One times four is four.
(5)	1 × 5 = 5	One times five is five.
(6)	1 × 6 = 6	One times six is six.
(7)	1 × 7 = 7	One times seven is seven.
(8)	1 × 8 = 8	One times eight is eight.
(9)	1 × 9 = 9	One times nine is nine.
(10)	1 × 10 = 10	One times ten is ten.

■ Read each number sentence aloud as you trace the answer.

(1) 1 × 1 = 1

(2) 1 × 2 = 2

(3) 1 × 3 = 3

(4) 1 × 4 = 4

(5) 1 × 5 = 5

(6) 1 × 6 = 6

(7) 1 × 7 = 7

(8) 1 × 8 = 8

(9) 1 × 9 = 9

(10) 1 × 10 = 10

■ Multiply.

(1) 1 × 1 = 1

(2) 1 × 2 = 2

(3) 1 × 3 = 3

(4) 1 × 4 = 4

(5) 1 × 5 = 5

(6) 1 × 6 = 6

(7) 1 × 7 = 7

(8) 1 × 8 = 8

(9) 1 × 9 = 9

(10) 1 × 10 = 10

(11) 1 × 1 = 1

(12) 1 × 2 = 2

(13) 1 × 3 = 3

(14) 1 × 4 = 4

(15) 1 × 5 = 5

(16) 1 × 6 = 6

(17) 1 × 7 = 7

(18) 1 × 8 = 8

(19) 1 × 9 = 9

(20) 1 × 10 = 10

Multiplication 1
1 × 1 to 1 × 10

Name

Date
/ /

To parents/guardians: If your child has difficultly answering the multiplication problems below, they can go back to the previous page and review the Multiplication Table. It is a good idea to have your child review the Multiplication Table repeatedly.

■ Multiply.

(1) $1 \times 3 = 3$

(2) $1 \times 6 = 6$

(3) $1 \times 9 = 4$

(4) $1 \times 5 = 5$

(5) $1 \times 1 = 1$

(6) $1 \times 7 = 7$

(7) $1 \times 2 = 2$

(8) $1 \times 8 = 8$

(9) $1 \times 10 = 10$

(10) $1 \times 4 = 4$

(11) $1 \times 9 = 9$

(12) $1 \times 1 = 1$

(13) $1 \times 7 = 7$

(14) $1 \times 10 = 10$

(15) $1 \times 8 = 8$

(16) $1 \times 3 = 3$

(17) $1 \times 5 = 5$

(18) $1 \times 2 = 2$

(19) $1 \times 4 = 4$

(20) $1 \times 6 = 6$

13

■ Multiply.

(1) $1 \times 4 =$

(2) $1 \times 7 =$

(3) $1 \times 10 =$

(4) $1 \times 2 =$

(5) $1 \times 6 =$

(6) $1 \times 1 =$

(7) $1 \times 8 =$

(8) $1 \times 3 =$

(9) $1 \times 9 =$

(10) $1 \times 5 =$

(11) $1 \times 9 =$

(12) $1 \times 3 =$

(13) $1 \times 1 =$

(14) $1 \times 4 =$

(15) $1 \times 10 =$

(16) $1 \times 5 =$

(17) $1 \times 7 =$

(18) $1 \times 2 =$

(19) $1 \times 8 =$

(20) $1 \times 6 =$

8 Practicing Numbers 2–20

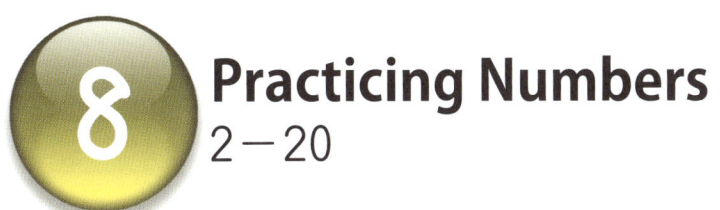

Name Date / /

To parents/guardians: You may want to encourage your child to repeat the number that increases by 2 while looking at a number chart or addition problem.

■ Draw a line from 2 to 20 in order while saying each number aloud.

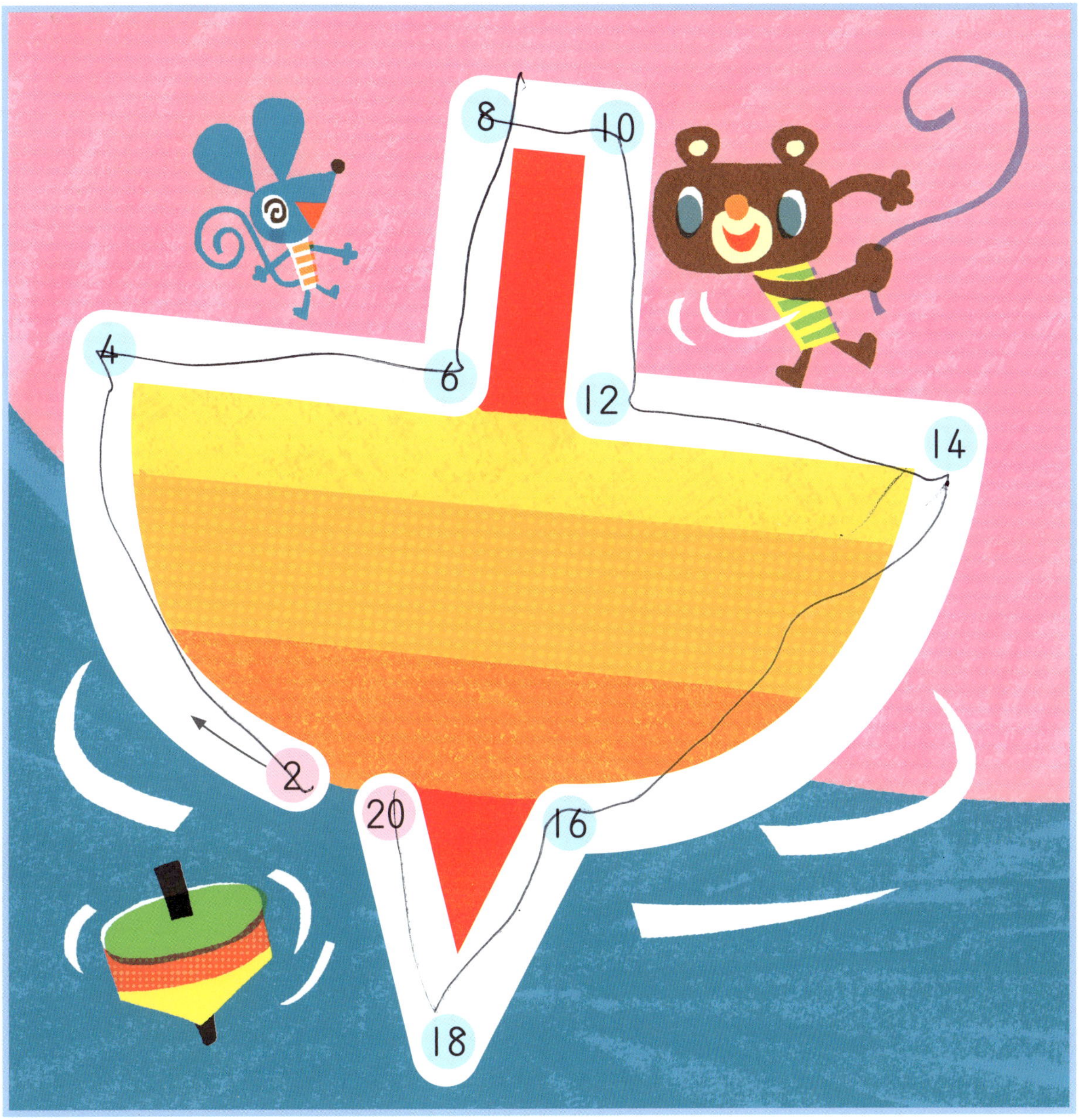

■ Say each number aloud as you trace it.

2	4	6	8	10	12	14	16	18	20

■ Add.

(1) $2+2=4$

(2) $2+2+2=6$

(3) $2+2+2+2=8$

(4) $2+2+2+2+2=10$

(5) $2+2+2+2+2+2=12$

(6) $2+2+2+2+2+2+2=14$

(7) $2+2+2+2+2+2+2+2=16$

(8) $2+2+2+2+2+2+2+2+2=18$

(9) $2+2+2+2+2+2+2+2+2+2=20$

■ Say each number aloud as you trace it.

2	4	6	8	10	12	14	16	18	20

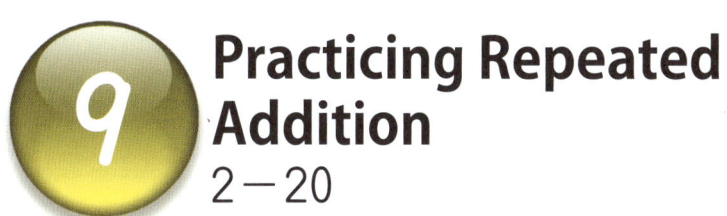

9 Practicing Repeated Addition 2—20

To parents/guardians: Repeated addition is good preparation for multiplication. In order to help your child see the link between multiplication and repeated addition, ask them how many twos there are in the number sentences below.

■ Say each number aloud as you trace it.

(1) $2 + 2 = 4$

(2) $2 + 2 + 2 = 6$

(3) $2 + 2 + 2 + 2 = 8$

(4) $2 + 2 + 2 + 2 + 2 = 10$

■ Write the numbers on the number line. Then add the numbers below.

2			

(1) $2 + 2 =$

(2) $2 + 2 + 2 =$

(3) $2 + 2 + 2 + 2 =$

(4) $2 + 2 + 2 + 2 + 2 =$

■ Say each number aloud as you trace it.

| 12 | 14 | 16 | 18 | 20 |

(1) $2+2+2+2+2+2=12$

(2) $2+2+2+2+2+2+2=14$

(3) $2+2+2+2+2+2+2+2=16$

(4) $2+2+2+2+2+2+2+2+2=18$

(5) $2+2+2+2+2+2+2+2+2+2=20$

■ Write the numbers on the number line. Then add the numbers below.

| 12 | | | | |

(1) $2+2+2+2+2+2=$

(2) $2+2+2+2+2+2+2=$

(3) $2+2+2+2+2+2+2+2=$

(4) $2+2+2+2+2+2+2+2+2=$

(5) $2+2+2+2+2+2+2+2+2+2=$

Multiplication 2
2 × 1 to 2 × 10

Name

Date   /   /

To parents/guardians: Starting on this page, your child will practice the multiplication table for the number 2. Give your child lots of praise when they can read each number sentence well.

■ Read the multiplication table aloud.

Multiplication Table

(1)	$2 \times 1 = 2$	Two times one is two.
(2)	$2 \times 2 = 4$	Two times two is four.
(3)	$2 \times 3 = 6$	Two times three is six.
(4)	$2 \times 4 = 8$	Two times four is eight.
(5)	$2 \times 5 = 10$	Two times five is ten.
(6)	$2 \times 6 = 12$	Two times six is twelve.
(7)	$2 \times 7 = 14$	Two times seven is fourteen
(8)	$2 \times 8 = 16$	Two times eight is sixteen.
(9)	$2 \times 9 = 18$	Two times nine is eighteen.
(10)	$2 \times 10 = 20$	Two times ten is twenty.

■ Read each number sentence aloud as you trace the answer.

(1) $2 \times 1 = 2$

(2) $2 \times 2 = 4$

(3) $2 \times 3 = 6$

(4) $2 \times 4 = 8$

(5) $2 \times 5 = 10$

(6) $2 \times 6 = 12$

(7) $2 \times 7 = 14$

(8) $2 \times 8 = 16$

(9) $2 \times 9 = 18$

(10) $2 \times 10 = 20$

19

■ Multiply.

(1) 2 × 1 =

(2) 2 × 2 =

(3) 2 × 3 =

(4) 2 × 4 =

(5) 2 × 5 =

(6) 2 × 6 =

(7) 2 × 7 =

(8) 2 × 8 =

(9) 2 × 9 =

(10) 2 × 10 =

(11) 2 × 1 =

(12) 2 × 2 =

(13) 2 × 3 =

(14) 2 × 4 =

(15) 2 × 5 =

(16) 2 × 6 =

(17) 2 × 7 =

(18) 2 × 8 =

(19) 2 × 9 =

(20) 2 × 10 =

Name

Date

/ /

To parents/guardians: If your child is having difficulty with this section, you can have them to reread the Multiplication Table from the previous unit for help.

■ Multiply.

(1) $2 \times 3 =$

(2) $2 \times 6 =$

(3) $2 \times 9 =$

(4) $2 \times 5 =$

(5) $2 \times 1 =$

(6) $2 \times 7 =$

(7) $2 \times 2 =$

(8) $2 \times 8 =$

(9) $2 \times 10 =$

(10) $2 \times 4 =$

(11) $2 \times 9 =$

(12) $2 \times 1 =$

(13) $2 \times 7 =$

(14) $2 \times 10 =$

(15) $2 \times 8 =$

(16) $2 \times 3 =$

(17) $2 \times 5 =$

(18) $2 \times 2 =$

(19) $2 \times 4 =$

(20) $2 \times 6 =$

■ Multiply.

(1) $2 \times 4 =$

(2) $2 \times 7 =$

(3) $2 \times 10 =$

(4) $2 \times 2 =$

(5) $2 \times 6 =$

(6) $2 \times 1 =$

(7) $2 \times 8 =$

(8) $2 \times 3 =$

(9) $2 \times 9 =$

(10) $2 \times 5 =$

(11) $2 \times 9 =$

(12) $2 \times 3 =$

(13) $2 \times 1 =$

(14) $2 \times 4 =$

(15) $2 \times 10 =$

(16) $2 \times 5 =$

(17) $2 \times 7 =$

(18) $2 \times 2 =$

(19) $2 \times 8 =$

(20) $2 \times 6 =$

Multiplication 2
2 × 1 to 2 × 10

To parents/guardians: It takes a lot of concentration for your child to practice 40 multiplication problems in one sitting. If your child has trouble concentrating, it is okay for them to take a break.

■ Multiply.

(1) $2 \times 7 =$

(2) $2 \times 3 =$

(3) $2 \times 6 =$

(4) $2 \times 1 =$

(5) $2 \times 10 =$

(6) $2 \times 5 =$

(7) $2 \times 9 =$

(8) $2 \times 4 =$

(9) $2 \times 2 =$

(10) $2 \times 8 =$

(11) $2 \times 2 =$

(12) $2 \times 5 =$

(13) $2 \times 9 =$

(14) $2 \times 7 =$

(15) $2 \times 3 =$

(16) $2 \times 1 =$

(17) $2 \times 8 =$

(18) $2 \times 6 =$

(19) $2 \times 4 =$

(20) $2 \times 10 =$

■ Multiply.

(1) $2 \times 1 =$

(2) $2 \times 8 =$

(3) $2 \times 10 =$

(4) $2 \times 3 =$

(5) $2 \times 6 =$

(6) $2 \times 2 =$

(7) $2 \times 7 =$

(8) $2 \times 4 =$

(9) $2 \times 5 =$

(10) $2 \times 9 =$

(11) $2 \times 4 =$

(12) $2 \times 9 =$

(13) $2 \times 1 =$

(14) $2 \times 5 =$

(15) $2 \times 10 =$

(16) $2 \times 6 =$

(17) $2 \times 2 =$

(18) $2 \times 8 =$

(19) $2 \times 3 =$

(20) $2 \times 7 =$

Review
Multiplication 1, 2

To parents/guardians: Please confirm your child is able to write the correct answer. If your child can answer the problems correctly, offer lots of praise.

■ Multiply.

(1) $1 \times 1 =$

(2) $1 \times 2 =$

(3) $1 \times 3 =$

(4) $1 \times 4 =$

(5) $1 \times 5 =$

(6) $1 \times 6 =$

(7) $1 \times 7 =$

(8) $1 \times 8 =$

(9) $1 \times 9 =$

(10) $1 \times 10 =$

(11) $2 \times 1 =$

(12) $2 \times 2 =$

(13) $2 \times 3 =$

(14) $2 \times 4 =$

(15) $2 \times 5 =$

(16) $2 \times 6 =$

(17) $2 \times 7 =$

(18) $2 \times 8 =$

(19) $2 \times 9 =$

(20) $2 \times 10 =$

■ Multiply.

(1) $1 \times 4 =$

(2) $1 \times 7 =$

(3) $1 \times 10 =$

(4) $1 \times 2 =$

(5) $1 \times 6 =$

(6) $1 \times 1 =$

(7) $1 \times 8 =$

(8) $1 \times 3 =$

(9) $1 \times 9 =$

(10) $1 \times 5 =$

(11) $2 \times 4 =$

(12) $2 \times 9 =$

(13) $2 \times 1 =$

(14) $2 \times 5 =$

(15) $2 \times 10 =$

(16) $2 \times 6 =$

(17) $2 \times 2 =$

(18) $2 \times 8 =$

(19) $2 \times 3 =$

(20) $2 \times 7 =$

Review
Multiplication 1, 2

■ Multiply.

(1) $1 \times 3 =$

(2) $2 \times 7 =$

(3) $1 \times 9 =$

(4) $2 \times 4 =$

(5) $1 \times 6 =$

(6) $2 \times 10 =$

(7) $1 \times 1 =$

(8) $2 \times 8 =$

(9) $1 \times 2 =$

(10) $2 \times 5 =$

(11) $2 \times 2 =$

(12) $1 \times 8 =$

(13) $2 \times 6 =$

(14) $1 \times 10 =$

(15) $2 \times 9 =$

(16) $1 \times 5 =$

(17) $2 \times 3 =$

(18) $1 \times 7 =$

(19) $2 \times 1 =$

(20) $1 \times 4 =$

■Multiply.

(1) $2 \times 9 =$

(2) $1 \times 7 =$

(3) $2 \times 5 =$

(4) $1 \times 6 =$

(5) $2 \times 1 =$

(6) $1 \times 8 =$

(7) $2 \times 10 =$

(8) $1 \times 3 =$

(9) $2 \times 2 =$

(10) $1 \times 4 =$

(11) $1 \times 10 =$

(12) $2 \times 3 =$

(13) $1 \times 1 =$

(14) $2 \times 8 =$

(15) $1 \times 5 =$

(16) $2 \times 6 =$

(17) $1 \times 2 =$

(18) $2 \times 4 =$

(19) $1 \times 9 =$

(20) $2 \times 7 =$

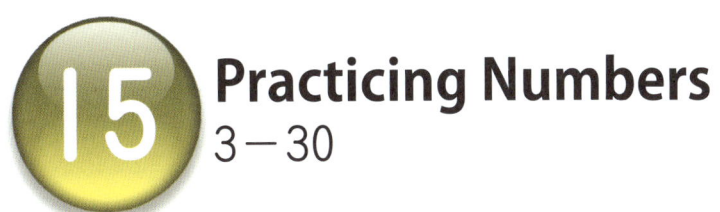

15 Practicing Numbers 3 – 30

Name

Date / /

To parents/guardians: When completing the following activities, your child should say the numbers aloud as they go.

■ Draw a line from 3 to 30 in order while saying each number aloud.

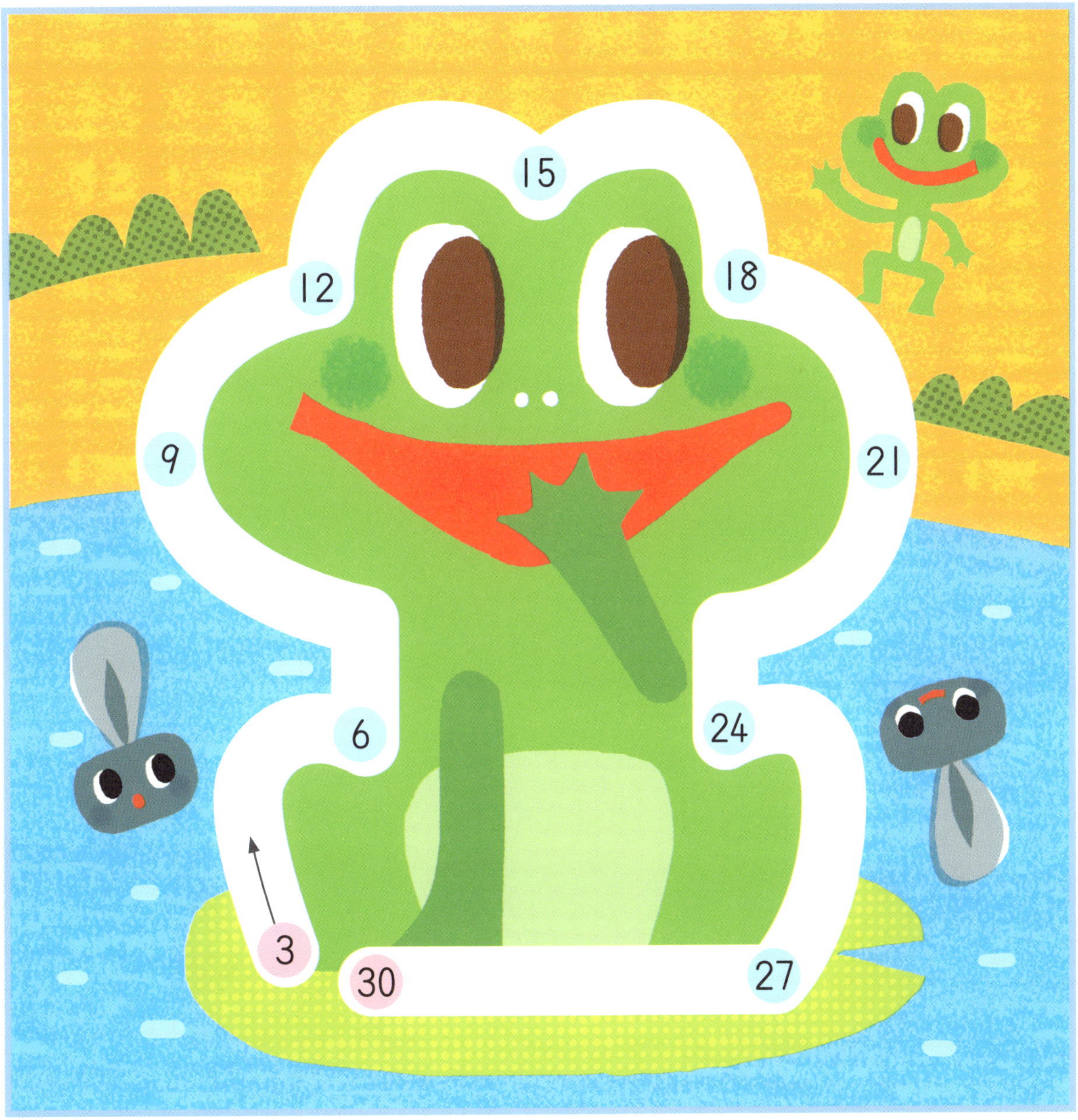

■ Say each number aloud as you trace it.

3	6	9	12	15	18	21	24	27	30

■ Add.

(1) $3 + 3 = 6$

(2) $3 + 3 + 3 = 9$

(3) $3 + 3 + 3 + 3 = 12$

(4) $3 + 3 + 3 + 3 + 3 = 15$

(5) $3 + 3 + 3 + 3 + 3 + 3 = 18$

(6) $3 + 3 + 3 + 3 + 3 + 3 + 3 = 21$

(7) $3 + 3 + 3 + 3 + 3 + 3 + 3 + 3 = 24$

(8) $3 + 3 + 3 + 3 + 3 + 3 + 3 + 3 + 3 = 27$

(9) $3 + 3 + 3 + 3 + 3 + 3 + 3 + 3 + 3 + 3 = 30$

■ Say each number aloud as you trace it.

3	6	9	12	15	18	21	24	27	30

16 Practicing Repeated Addition
3−30

■ Say each number aloud as you trace it.

3	6	9	12	15

(1) $3 + 3 = 6$

(2) $3 + 3 + 3 = 9$

(3) $3 + 3 + 3 + 3 = 12$

(4) $3 + 3 + 3 + 3 + 3 = 15$

■ Write the numbers on the number line. Then add the numbers below.

3			

(1) $3 + 3 =$

(2) $3 + 3 + 3 =$

(3) $3 + 3 + 3 + 3 =$

(4) $3 + 3 + 3 + 3 + 3 =$

■ Say each number aloud as you trace it.

| 18 | 21 | 24 | 27 | 30 |

(1) $3+3+3+3+3+3=18$

(2) $3+3+3+3+3+3+3=21$

(3) $3+3+3+3+3+3+3+3=24$

(4) $3+3+3+3+3+3+3+3+3=27$

(5) $3+3+3+3+3+3+3+3+3+3=30$

■ Write the numbers on the number line. Then add the numbers below.

| 18 | | | |

(1) $3+3+3+3+3+3=$

(2) $3+3+3+3+3+3+3=$

(3) $3+3+3+3+3+3+3+3=$

(4) $3+3+3+3+3+3+3+3+3=$

(5) $3+3+3+3+3+3+3+3+3+3=$

Multiplication 3
3 × 1 to 3 × 10

Name

Date / /

To parents/guardians: Starting on this page, your child will practice the multiplication table for the number 3. If your child has difficulty understanding these number sentences, help them understand that 3 × 2 is "two groups of three."

■ Read the multiplication table aloud.

Multiplication Table		
(1)	3 × 1 = 3	Three times one is three.
(2)	3 × 2 = 6	Three times two is six.
(3)	3 × 3 = 9	Three times three is nine.
(4)	3 × 4 = 12	Three times four is twelve.
(5)	3 × 5 = 15	Three times five is fifteen.
(6)	3 × 6 = 18	Three times six is eighteen.
(7)	3 × 7 = 21	Three times seven is twenty-one.
(8)	3 × 8 = 24	Three times eight is twenty-four.
(9)	3 × 9 = 27	Three times nine is twenty-seven.
(10)	3 × 10 = 30	Three times ten is thirty.

■ Read each number sentence aloud as you trace the answer.

(1) 3 × 1 = 3

(2) 3 × 2 = 6

(3) 3 × 3 = 9

(4) 3 × 4 = 12

(5) 3 × 5 = 15

(6) 3 × 6 = 18

(7) 3 × 7 = 21

(8) 3 × 8 = 24

(9) 3 × 9 = 27

(10) 3 × 10 = 30

3×3   3×4

■ Multiply.

(1) 3 × 1 =

(2) 3 × 2 =

(3) 3 × 3 =

(4) 3 × 4 =

(5) 3 × 5 =

(6) 3 × 6 =

(7) 3 × 7 =

(8) 3 × 8 =

(9) 3 × 9 =

(10) 3 × 10 =

(11) 3 × 1 =

(12) 3 × 2 =

(13) 3 × 3 =

(14) 3 × 4 =

(15) 3 × 5 =

(16) 3 × 6 =

(17) 3 × 7 =

(18) 3 × 8 =

(19) 3 × 9 =

(20) 3 × 10 =

18 Multiplication 3
3 × 1 to 3 × 10

■ Multiply.

(1) 3 × 3 =

(2) 3 × 6 =

(3) 3 × 9 =

(4) 3 × 5 =

(5) 3 × 1 =

(6) 3 × 7 =

(7) 3 × 2 =

(8) 3 × 8 =

(9) 3 × 10 =

(10) 3 × 4 =

(11) 3 × 9 =

(12) 3 × 1 =

(13) 3 × 7 =

(14) 3 × 10 =

(15) 3 × 8 =

(16) 3 × 3 =

(17) 3 × 5 =

(18) 3 × 2 =

(19) 3 × 4 =

(20) 3 × 6 =

■ Multiply.

(1) $3 \times 4 =$

(2) $3 \times 7 =$

(3) $3 \times 10 =$

(4) $3 \times 2 =$

(5) $3 \times 6 =$

(6) $3 \times 1 =$

(7) $3 \times 8 =$

(8) $3 \times 3 =$

(9) $3 \times 9 =$

(10) $3 \times 5 =$

(11) $3 \times 9 =$

(12) $3 \times 3 =$

(13) $3 \times 1 =$

(14) $3 \times 4 =$

(15) $3 \times 10 =$

(16) $3 \times 5 =$

(17) $3 \times 7 =$

(18) $3 \times 2 =$

(19) $3 \times 8 =$

(20) $3 \times 6 =$

Multiplication 3
3 × 1 to 3 × 10

■ Multiply.

(1) $3 \times 7 =$

(2) $3 \times 3 =$

(3) $3 \times 6 =$

(4) $3 \times 1 =$

(5) $3 \times 10 =$

(6) $3 \times 5 =$

(7) $3 \times 9 =$

(8) $3 \times 4 =$

(9) $3 \times 2 =$

(10) $3 \times 8 =$

(11) $3 \times 2 =$

(12) $3 \times 5 =$

(13) $3 \times 9 =$

(14) $3 \times 7 =$

(15) $3 \times 3 =$

(16) $3 \times 1 =$

(17) $3 \times 8 =$

(18) $3 \times 6 =$

(19) $3 \times 4 =$

(20) $3 \times 10 =$

■ Multiply.

(1) $3 \times 1 =$

(2) $3 \times 8 =$

(3) $3 \times 10 =$

(4) $3 \times 3 =$

(5) $3 \times 6 =$

(6) $3 \times 2 =$

(7) $3 \times 7 =$

(8) $3 \times 4 =$

(9) $3 \times 5 =$

(10) $3 \times 9 =$

(11) $3 \times 4 =$

(12) $3 \times 9 =$

(13) $3 \times 1 =$

(14) $3 \times 5 =$

(15) $3 \times 10 =$

(16) $3 \times 6 =$

(17) $3 \times 2 =$

(18) $3 \times 8 =$

(19) $3 \times 3 =$

(20) $3 \times 7 =$

Name

Date / /

To parents/guardians: After your child finishes one sheet, please check the answers. If your child seems to have made a mistake in the answer, ask them to think again. If your child gets all the answers correct, please offer lots of praise.

■ Multiply.

(1) $2 \times 1 =$

(2) $2 \times 2 =$

(3) $2 \times 3 =$

(4) $2 \times 4 =$

(5) $2 \times 5 =$

(6) $2 \times 6 =$

(7) $2 \times 7 =$

(8) $2 \times 8 =$

(9) $2 \times 9 =$

(10) $2 \times 10 =$

(11) $3 \times 1 =$

(12) $3 \times 2 =$

(13) $3 \times 3 =$

(14) $3 \times 4 =$

(15) $3 \times 5 =$

(16) $3 \times 6 =$

(17) $3 \times 7 =$

(18) $3 \times 8 =$

(19) $3 \times 9 =$

(20) $3 \times 10 =$

■ Multiply.

(1) $2 \times 4 =$

(2) $2 \times 7 =$

(3) $2 \times 10 =$

(4) $2 \times 2 =$

(5) $2 \times 6 =$

(6) $2 \times 1 =$

(7) $2 \times 8 =$

(8) $2 \times 3 =$

(9) $2 \times 9 =$

(10) $2 \times 5 =$

(11) $3 \times 4 =$

(12) $3 \times 9 =$

(13) $3 \times 1 =$

(14) $3 \times 5 =$

(15) $3 \times 10 =$

(16) $3 \times 6 =$

(17) $3 \times 2 =$

(18) $3 \times 8 =$

(19) $3 \times 3 =$

(20) $3 \times 7 =$

Review
Multiplication 2, 3

■ Multiply.

(1) 2 × 3 =

(2) 3 × 7 =

(3) 2 × 9 =

(4) 3 × 4 =

(5) 2 × 6 =

(6) 3 × 10 =

(7) 2 × 1 =

(8) 3 × 8 =

(9) 2 × 2 =

(10) 3 × 5 =

(11) 3 × 2 =

(12) 2 × 8 =

(13) 3 × 6 =

(14) 2 × 10 =

(15) 3 × 9 =

(16) 2 × 5 =

(17) 3 × 3 =

(18) 2 × 7 =

(19) 3 × 1 =

(20) 2 × 4 =

■Multiply.

(1) $3 \times 9 =$

(2) $2 \times 7 =$

(3) $3 \times 5 =$

(4) $2 \times 6 =$

(5) $3 \times 1 =$

(6) $2 \times 8 =$

(7) $3 \times 10 =$

(8) $2 \times 3 =$

(9) $3 \times 2 =$

(10) $2 \times 4 =$

(11) $2 \times 10 =$

(12) $3 \times 3 =$

(13) $2 \times 1 =$

(14) $3 \times 8 =$

(15) $2 \times 5 =$

(16) $3 \times 6 =$

(17) $2 \times 2 =$

(18) $3 \times 4 =$

(19) $2 \times 9 =$

(20) $3 \times 7 =$

22 **Practicing Numbers**
4 — 40

Name

Date

/ /

To parents/guardians: You may want to encourage your child to repeat the number that increases by 4 while looking at a number chart or addition problem.

■ Draw a line from 4 to 40 in order while saying each number aloud.

■ Say each number aloud as you trace it.

| 4 | 8 | 12 | 16 | 20 | 24 | 28 | 32 | 36 | 40 |

■ Add.

(1) $4 + 4 = 8$

(2) $4 + 4 + 4 = 12$

(3) $4 + 4 + 4 + 4 = 16$

(4) $4 + 4 + 4 + 4 + 4 = 20$

(5) $4 + 4 + 4 + 4 + 4 + 4 = 24$

(6) $4 + 4 + 4 + 4 + 4 + 4 + 4 = 28$

(7) $4 + 4 + 4 + 4 + 4 + 4 + 4 + 4 = 32$

(8) $4 + 4 + 4 + 4 + 4 + 4 + 4 + 4 + 4 = 36$

(9) $4 + 4 + 4 + 4 + 4 + 4 + 4 + 4 + 4 + 4 = 40$

■ Say each number aloud as you trace it.

4	8	12	16	20	24	28	32	36	40

23 Practicing Repeated Addition

4 — 40

■ Say each number aloud as you trace it.

4	8	12	16	20

(1) $4 + 4 = 8$

(2) $4 + 4 + 4 = 12$

(3) $4 + 4 + 4 + 4 = 16$

(4) $4 + 4 + 4 + 4 + 4 = 20$

■ Write the numbers on the number line. Then add the numbers below.

4				

(1) $4 + 4 =$

(2) $4 + 4 + 4 =$

(3) $4 + 4 + 4 + 4 =$

(4) $4 + 4 + 4 + 4 + 4 =$

■ Say each number aloud as you trace it.

| 24 | 28 | 32 | 36 | 40 |

(1) $4 + 4 + 4 + 4 + 4 + 4 = 24$

(2) $4 + 4 + 4 + 4 + 4 + 4 + 4 = 28$

(3) $4 + 4 + 4 + 4 + 4 + 4 + 4 + 4 = 32$

(4) $4 + 4 + 4 + 4 + 4 + 4 + 4 + 4 + 4 = 36$

(5) $4 + 4 + 4 + 4 + 4 + 4 + 4 + 4 + 4 + 4 = 40$

■ Write the numbers on the number line. Then add the numbers below.

| 24 | | | | |

(1) $4 + 4 + 4 + 4 + 4 + 4 =$

(2) $4 + 4 + 4 + 4 + 4 + 4 + 4 =$

(3) $4 + 4 + 4 + 4 + 4 + 4 + 4 + 4 =$

(4) $4 + 4 + 4 + 4 + 4 + 4 + 4 + 4 + 4 =$

(5) $4 + 4 + 4 + 4 + 4 + 4 + 4 + 4 + 4 + 4 =$

Multiplication 4
4 × 1 to 4 × 10

Name

Date

/ /

To parents/guardians: Starting on this page, your child will practice the multiplication table for the number 4. Give your child lots of praise when they can read each number sentence well.

■ Read the multiplication table aloud.

Multiplication Table

(1)	$4 \times 1 = 4$	**Four times one is four.**
(2)	$4 \times 2 = 8$	**Four times two is eight.**
(3)	$4 \times 3 = 12$	**Four times three is twelve.**
(4)	$4 \times 4 = 16$	**Four times four is sixteen.**
(5)	$4 \times 5 = 20$	**Four times five is twenty.**
(6)	$4 \times 6 = 24$	**Four times six is twenty-four.**
(7)	$4 \times 7 = 28$	**Four times seven is twenty-eight.**
(8)	$4 \times 8 = 32$	**Four times eight is thirty-two.**
(9)	$4 \times 9 = 36$	**Four times nine is thirty-six.**
(10)	$4 \times 10 = 40$	**Four times ten is forty.**

■ Read each number sentence aloud as you trace the answer.

(1) $4 \times 1 = 4$

(2) $4 \times 2 = 8$

(3) $4 \times 3 = 12$

(4) $4 \times 4 = 16$

(5) $4 \times 5 = 20$

(6) $4 \times 6 = 24$

(7) $4 \times 7 = 28$

(8) $4 \times 8 = 32$

(9) $4 \times 9 = 36$

(10) $4 \times 10 = 40$

■ Multiply.

(1) 4 × 1 =   (11) 4 × 1 =

(2) 4 × 2 =   (12) 4 × 2 =

(3) 4 × 3 =   (13) 4 × 3 =

(4) 4 × 4 =   (14) 4 × 4 =

(5) 4 × 5 =   (15) 4 × 5 =

(6) 4 × 6 =   (16) 4 × 6 =

(7) 4 × 7 =   (17) 4 × 7 =

(8) 4 × 8 =   (18) 4 × 8 =

(9) 4 × 9 =   (19) 4 × 9 =

(10) 4 × 10 =   (20) 4 × 10 =

Multiplication 4
4×1 to 4×10

Name

Date

To parents/guardians: If your child has difficulty with the problems on this page, you can have them review the Multiplication Table on the previous page for help.

■ Multiply.

(1) $4 \times 3 =$

(2) $4 \times 6 =$

(3) $4 \times 9 =$

(4) $4 \times 5 =$

(5) $4 \times 1 =$

(6) $4 \times 7 =$

(7) $4 \times 2 =$

(8) $4 \times 8 =$

(9) $4 \times 10 =$

(10) $4 \times 4 =$

(11) $4 \times 9 =$

(12) $4 \times 1 =$

(13) $4 \times 7 =$

(14) $4 \times 10 =$

(15) $4 \times 8 =$

(16) $4 \times 3 =$

(17) $4 \times 5 =$

(18) $4 \times 2 =$

(19) $4 \times 4 =$

(20) $4 \times 6 =$

■ Multiply.

(1) $4 \times 4 =$

(2) $4 \times 7 =$

(3) $4 \times 10 =$

(4) $4 \times 2 =$

(5) $4 \times 6 =$

(6) $4 \times 1 =$

(7) $4 \times 8 =$

(8) $4 \times 3 =$

(9) $4 \times 9 =$

(10) $4 \times 5 =$

(11) $4 \times 9 =$

(12) $4 \times 3 =$

(13) $4 \times 1 =$

(14) $4 \times 4 =$

(15) $4 \times 10 =$

(16) $4 \times 5 =$

(17) $4 \times 7 =$

(18) $4 \times 2 =$

(19) $4 \times 8 =$

(20) $4 \times 6 =$

26 Multiplication 4
4 × 1 to 4 × 10

■ Multiply.

(1) $4 \times 7 =$

(2) $4 \times 3 =$

(3) $4 \times 6 =$

(4) $4 \times 1 =$

(5) $4 \times 10 =$

(6) $4 \times 5 =$

(7) $4 \times 9 =$

(8) $4 \times 4 =$

(9) $4 \times 2 =$

(10) $4 \times 8 =$

(11) $4 \times 2 =$

(12) $4 \times 5 =$

(13) $4 \times 9 =$

(14) $4 \times 7 =$

(15) $4 \times 3 =$

(16) $4 \times 1 =$

(17) $4 \times 8 =$

(18) $4 \times 6 =$

(19) $4 \times 4 =$

(20) $4 \times 10 =$

■ Multiply.

(1) $4 \times 1 =$

(2) $4 \times 8 =$

(3) $4 \times 10 =$

(4) $4 \times 3 =$

(5) $4 \times 6 =$

(6) $4 \times 2 =$

(7) $4 \times 7 =$

(8) $4 \times 4 =$

(9) $4 \times 5 =$

(10) $4 \times 9 =$

(11) $4 \times 4 =$

(12) $4 \times 9 =$

(13) $4 \times 1 =$

(14) $4 \times 5 =$

(15) $4 \times 10 =$

(16) $4 \times 6 =$

(17) $4 \times 2 =$

(18) $4 \times 8 =$

(19) $4 \times 3 =$

(20) $4 \times 7 =$

Review
Multiplication 3, 4

Name

Date   /   /

To parents/guardians: Please confirm your child is able to write the correct answer. If your child answers the multiplication problems correctly, offer lots of praise.

■ Multiply.

(1) $3 \times 1 =$

(2) $3 \times 2 =$

(3) $3 \times 3 =$

(4) $3 \times 4 =$

(5) $3 \times 5 =$

(6) $3 \times 6 =$

(7) $3 \times 7 =$

(8) $3 \times 8 =$

(9) $3 \times 9 =$

(10) $3 \times 10 =$

(11) $4 \times 1 =$

(12) $4 \times 2 =$

(13) $4 \times 3 =$

(14) $4 \times 4 =$

(15) $4 \times 5 =$

(16) $4 \times 6 =$

(17) $4 \times 7 =$

(18) $4 \times 8 =$

(19) $4 \times 9 =$

(20) $4 \times 10 =$

■ Multiply.

(1) $3 \times 4 =$

(2) $3 \times 7 =$

(3) $3 \times 10 =$

(4) $3 \times 2 =$

(5) $3 \times 6 =$

(6) $3 \times 1 =$

(7) $3 \times 8 =$

(8) $3 \times 3 =$

(9) $3 \times 9 =$

(10) $3 \times 5 =$

(11) $4 \times 4 =$

(12) $4 \times 9 =$

(13) $4 \times 1 =$

(14) $4 \times 5 =$

(15) $4 \times 10 =$

(16) $4 \times 6 =$

(17) $4 \times 2 =$

(18) $4 \times 8 =$

(19) $4 \times 3 =$

(20) $4 \times 7 =$

28 Review
Multiplication 3, 4

■ Multiply.

(1) $3 \times 3 =$

(2) $4 \times 7 =$

(3) $3 \times 9 =$

(4) $4 \times 4 =$

(5) $3 \times 6 =$

(6) $4 \times 10 =$

(7) $3 \times 1 =$

(8) $4 \times 8 =$

(9) $3 \times 2 =$

(10) $4 \times 5 =$

(11) $4 \times 2 =$

(12) $3 \times 8 =$

(13) $4 \times 6 =$

(14) $3 \times 10 =$

(15) $4 \times 9 =$

(16) $3 \times 5 =$

(17) $4 \times 3 =$

(18) $3 \times 7 =$

(19) $4 \times 1 =$

(20) $3 \times 4 =$

■ Multiply.

(1) $4 \times 7 =$

(2) $3 \times 9 =$

(3) $4 \times 6 =$

(4) $3 \times 5 =$

(5) $4 \times 8 =$

(6) $3 \times 1 =$

(7) $4 \times 3 =$

(8) $3 \times 10 =$

(9) $4 \times 4 =$

(10) $3 \times 2 =$

(11) $3 \times 10 =$

(12) $4 \times 3 =$

(13) $3 \times 1 =$

(14) $4 \times 8 =$

(15) $3 \times 5 =$

(16) $4 \times 6 =$

(17) $3 \times 2 =$

(18) $4 \times 4 =$

(19) $3 \times 9 =$

(20) $4 \times 7 =$

Practicing Numbers
5 — 50

Name

Date

/ /

To parents/guardians: You may want to encourage your child to repeat the number that increases by 5 while looking at a number chart or addition problem.

■ Draw a line from 5 to 50 in order while saying each number aloud.

35

30

25

40 50

20

5

15

45

10

■ Say each number aloud as you trace it.

| 5 | 10 | 15 | 20 | 25 | 30 | 35 | 40 | 45 | 50 |

57

■ Add.

(1) $5 + 5 = 10$

(2) $5 + 5 + 5 = 15$

(3) $5 + 5 + 5 + 5 = 20$

(4) $5 + 5 + 5 + 5 + 5 = 25$

(5) $5 + 5 + 5 + 5 + 5 + 5 = 30$

(6) $5 + 5 + 5 + 5 + 5 + 5 + 5 = 35$

(7) $5 + 5 + 5 + 5 + 5 + 5 + 5 + 5 = 40$

(8) $5 + 5 + 5 + 5 + 5 + 5 + 5 + 5 + 5 = 45$

(9) $5 + 5 + 5 + 5 + 5 + 5 + 5 + 5 + 5 + 5 = 50$

■ Say each number aloud as you trace it.

5	10	15	20	25	30	35	40	45	50

30 Practicing Repeated Addition
5 — 50

■ Say each number aloud as you trace it.

5	10	15	20	25

(1) $5 + 5 = 10$

(2) $5 + 5 + 5 = 15$

(3) $5 + 5 + 5 + 5 = 20$

(4) $5 + 5 + 5 + 5 + 5 = 25$

■ Write the numbers on the number line. Then add the numbers below.

5				

(1) $5 + 5 =$

(2) $5 + 5 + 5 =$

(3) $5 + 5 + 5 + 5 =$

(4) $5 + 5 + 5 + 5 + 5 =$

■ Say each number aloud as you trace it.

30	35	40	45	50

(1) $5+5+5+5+5+5 = 30$

(2) $5+5+5+5+5+5+5 = 35$

(3) $5+5+5+5+5+5+5+5 = 40$

(4) $5+5+5+5+5+5+5+5+5 = 45$

(5) $5+5+5+5+5+5+5+5+5+5 = 50$

■ Write the numbers on the number line. Then add the numbers below.

30			

(1) $5+5+5+5+5+5 =$

(2) $5+5+5+5+5+5+5 =$

(3) $5+5+5+5+5+5+5+5 =$

(4) $5+5+5+5+5+5+5+5+5 =$

(5) $5+5+5+5+5+5+5+5+5+5 =$

Multiplication 5
5 × 1 to 5 × 10

Name

Date

/   /

To parents/guardians: Starting on this page, your child will practice the multiplication table for the number 5. If your child has difficulty understanding these number sentences, help them understand that 5 × 3 is "three groups of five."

■ Read the multiplication table aloud.

Multiplication Table		
(1)	5 × 1 = 5	Five times one is five.
(2)	5 × 2 = 10	Five times two is ten.
(3)	5 × 3 = 15	Five times three is fifteen.
(4)	5 × 4 = 20	Five times four is twenty.
(5)	5 × 5 = 25	Five times five is twenty-five.
(6)	5 × 6 = 30	Five times six is thirty.
(7)	5 × 7 = 35	Five times seven is thirty-five.
(8)	5 × 8 = 40	Five times eight is forty.
(9)	5 × 9 = 45	Five times nine is forty-five.
(10)	5 × 10 = 50	Five times ten is fifty.

■ Read each number sentence aloud as you trace the answer.

(1) 5 × 1 = 5

(2) 5 × 2 = 10

(3) 5 × 3 = 15

(4) 5 × 4 = 20

(5) 5 × 5 = 25

(6) 5 × 6 = 30

(7) 5 × 7 = 35

(8) 5 × 8 = 40

(9) 5 × 9 = 45

(10) 5 × 10 = 50

61

■ Multiply.

(1) $5 \times 1 =$

(2) $5 \times 2 =$

(3) $5 \times 3 =$

(4) $5 \times 4 =$

(5) $5 \times 5 =$

(6) $5 \times 6 =$

(7) $5 \times 7 =$

(8) $5 \times 8 =$

(9) $5 \times 9 =$

(10) $5 \times 10 =$

(11) $5 \times 1 =$

(12) $5 \times 2 =$

(13) $5 \times 3 =$

(14) $5 \times 4 =$

(15) $5 \times 5 =$

(16) $5 \times 6 =$

(17) $5 \times 7 =$

(18) $5 \times 8 =$

(19) $5 \times 9 =$

(20) $5 \times 10 =$

32 Multiplication 5
5 × 1 to 5 × 10

Name   Date   /   /

To parents/guardians: If answering the multiplication problems is difficult for your child, they can go back to the previous unit and look at the Multiplication Table. It is a good idea to read the Multiplication Table repeatedly.

■ Multiply.

(1) $5 \times 3 =$

(2) $5 \times 6 =$

(3) $5 \times 9 =$

(4) $5 \times 5 =$

(5) $5 \times 1 =$

(6) $5 \times 7 =$

(7) $5 \times 2 =$

(8) $5 \times 8 =$

(9) $5 \times 10 =$

(10) $5 \times 4 =$

(11) $5 \times 9 =$

(12) $5 \times 1 =$

(13) $5 \times 7 =$

(14) $5 \times 10 =$

(15) $5 \times 8 =$

(16) $5 \times 3 =$

(17) $5 \times 5 =$

(18) $5 \times 2 =$

(19) $5 \times 4 =$

(20) $5 \times 6 =$

■ Multiply.

(1) $5 \times 4 =$

(2) $5 \times 7 =$

(3) $5 \times 10 =$

(4) $5 \times 2 =$

(5) $5 \times 6 =$

(6) $5 \times 1 =$

(7) $5 \times 8 =$

(8) $5 \times 3 =$

(9) $5 \times 9 =$

(10) $5 \times 5 =$

(11) $5 \times 9 =$

(12) $5 \times 3 =$

(13) $5 \times 1 =$

(14) $5 \times 4 =$

(15) $5 \times 10 =$

(16) $5 \times 5 =$

(17) $5 \times 7 =$

(18) $5 \times 2 =$

(19) $5 \times 8 =$

(20) $5 \times 6 =$

Multiplication 5
5 × 1 to 5 × 10

■ Multiply.

(1) 5 × 7 =

(2) 5 × 3 =

(3) 5 × 6 =

(4) 5 × 1 =

(5) 5 × 10 =

(6) 5 × 5 =

(7) 5 × 9 =

(8) 5 × 4 =

(9) 5 × 2 =

(10) 5 × 8 =

(11) 5 × 2 =

(12) 5 × 5 =

(13) 5 × 9 =

(14) 5 × 7 =

(15) 5 × 3 =

(16) 5 × 1 =

(17) 5 × 8 =

(18) 5 × 6 =

(19) 5 × 4 =

(20) 5 × 10 =

■ Multiply.

(1) $5 \times 1 =$

(2) $5 \times 8 =$

(3) $5 \times 10 =$

(4) $5 \times 3 =$

(5) $5 \times 6 =$

(6) $5 \times 2 =$

(7) $5 \times 7 =$

(8) $5 \times 4 =$

(9) $5 \times 5 =$

(10) $5 \times 9 =$

(11) $5 \times 4 =$

(12) $5 \times 9 =$

(13) $5 \times 1 =$

(14) $5 \times 5 =$

(15) $5 \times 10 =$

(16) $5 \times 6 =$

(17) $5 \times 2 =$

(18) $5 \times 8 =$

(19) $5 \times 3 =$

(20) $5 \times 7 =$

Review
Multiplication 4, 5

Name

Date

To parents/guardians: Please confirm your child is able to write the correct answer. If your child answers the multiplication problems correctly, offer lots of praise.

■ Multiply.

(1) $4 \times 1 =$

(2) $4 \times 2 =$

(3) $4 \times 3 =$

(4) $4 \times 4 =$

(5) $4 \times 5 =$

(6) $4 \times 6 =$

(7) $4 \times 7 =$

(8) $4 \times 8 =$

(9) $4 \times 9 =$

(10) $4 \times 10 =$

(11) $5 \times 1 =$

(12) $5 \times 2 =$

(13) $5 \times 3 =$

(14) $5 \times 4 =$

(15) $5 \times 5 =$

(16) $5 \times 6 =$

(17) $5 \times 7 =$

(18) $5 \times 8 =$

(19) $5 \times 9 =$

(20) $5 \times 10 =$

■ Multiply.

(1) $4 \times 4 =$

(2) $4 \times 7 =$

(3) $4 \times 10 =$

(4) $4 \times 2 =$

(5) $4 \times 6 =$

(6) $4 \times 1 =$

(7) $4 \times 8 =$

(8) $4 \times 3 =$

(9) $4 \times 9 =$

(10) $4 \times 5 =$

(11) $5 \times 4 =$

(12) $5 \times 9 =$

(13) $5 \times 1 =$

(14) $5 \times 5 =$

(15) $5 \times 10 =$

(16) $5 \times 6 =$

(17) $5 \times 2 =$

(18) $5 \times 8 =$

(19) $5 \times 3 =$

(20) $5 \times 7 =$

35 Review
Multiplication 4, 5

■ Multiply.

(1) $4 \times 3 =$

(2) $5 \times 7 =$

(3) $4 \times 9 =$

(4) $5 \times 4 =$

(5) $4 \times 6 =$

(6) $5 \times 10 =$

(7) $4 \times 1 =$

(8) $5 \times 8 =$

(9) $4 \times 2 =$

(10) $5 \times 5 =$

(11) $5 \times 2 =$

(12) $4 \times 8 =$

(13) $5 \times 6 =$

(14) $4 \times 10 =$

(15) $5 \times 9 =$

(16) $4 \times 5 =$

(17) $5 \times 3 =$

(18) $4 \times 7 =$

(19) $5 \times 1 =$

(20) $4 \times 4 =$

■ Multiply.

(1) $5 \times 9 =$

(2) $4 \times 7 =$

(3) $5 \times 5 =$

(4) $4 \times 6 =$

(5) $5 \times 1 =$

(6) $4 \times 8 =$

(7) $5 \times 10 =$

(8) $4 \times 3 =$

(9) $5 \times 2 =$

(10) $4 \times 4 =$

(11) $4 \times 10 =$

(12) $5 \times 3 =$

(13) $4 \times 1 =$

(14) $5 \times 8 =$

(15) $4 \times 5 =$

(16) $5 \times 6 =$

(17) $4 \times 2 =$

(18) $5 \times 4 =$

(19) $4 \times 9 =$

(20) $5 \times 7 =$

Name   Date
                        /   /

To parents/guardians: It takes a lot of concentration for your child to practice 40 multiplication problems in one sitting. If your child has trouble concentrating, it is okay for them to take a break.

■ Multiply.

(1) $1 \times 3 =$

(2) $2 \times 7 =$

(3) $3 \times 9 =$

(4) $1 \times 4 =$

(5) $2 \times 6 =$

(6) $3 \times 10 =$

(7) $1 \times 1 =$

(8) $2 \times 8 =$

(9) $3 \times 2 =$

(10) $1 \times 5 =$

(11) $2 \times 2 =$

(12) $3 \times 3 =$

(13) $1 \times 6 =$

(14) $2 \times 10 =$

(15) $3 \times 5 =$

(16) $1 \times 9 =$

(17) $2 \times 4 =$

(18) $3 \times 7 =$

(19) $1 \times 8 =$

(20) $2 \times 1 =$

■ Multiply.

(1) $3 \times 1 =$

(2) $1 \times 2 =$

(3) $2 \times 9 =$

(4) $3 \times 6 =$

(5) $1 \times 10 =$

(6) $2 \times 5 =$

(7) $3 \times 8 =$

(8) $1 \times 7 =$

(9) $2 \times 3 =$

(10) $3 \times 4 =$

(11) $3 \times 10 =$

(12) $2 \times 3 =$

(13) $1 \times 1 =$

(14) $3 \times 8 =$

(15) $2 \times 5 =$

(16) $3 \times 6 =$

(17) $1 \times 2 =$

(18) $2 \times 4 =$

(19) $3 \times 9 =$

(20) $2 \times 7 =$

Review
Multiplication 2, 3, 4

■ Multiply.

(1) 2 × 3 =

(2) 3 × 7 =

(3) 4 × 9 =

(4) 2 × 4 =

(5) 3 × 6 =

(6) 4 × 10 =

(7) 2 × 1 =

(8) 3 × 8 =

(9) 4 × 2 =

(10) 2 × 5 =

(11) 3 × 2 =

(12) 4 × 3 =

(13) 2 × 6 =

(14) 3 × 10 =

(15) 4 × 5 =

(16) 2 × 9 =

(17) 3 × 4 =

(18) 4 × 7 =

(19) 2 × 8 =

(20) 3 × 1 =

■Multiply.

(1) $4 \times 1 =$

(2) $2 \times 2 =$

(3) $3 \times 9 =$

(4) $4 \times 6 =$

(5) $2 \times 10 =$

(6) $3 \times 5 =$

(7) $4 \times 8 =$

(8) $2 \times 7 =$

(9) $3 \times 3 =$

(10) $4 \times 4 =$

(11) $4 \times 10 =$

(12) $3 \times 3 =$

(13) $2 \times 1 =$

(14) $4 \times 8 =$

(15) $3 \times 5 =$

(16) $4 \times 6 =$

(17) $2 \times 2 =$

(18) $3 \times 4 =$

(19) $4 \times 9 =$

(20) $3 \times 7 =$

Review
Multiplication 3, 4, 5

To parents/guardians: If they have difficulty, please return to previous pages for further practice.

■ Multiply.

(1) $3 \times 3 =$

(2) $4 \times 7 =$

(3) $5 \times 9 =$

(4) $3 \times 4 =$

(5) $4 \times 6 =$

(6) $5 \times 10 =$

(7) $3 \times 1 =$

(8) $4 \times 8 =$

(9) $5 \times 2 =$

(10) $3 \times 5 =$

(11) $4 \times 2 =$

(12) $5 \times 3 =$

(13) $3 \times 6 =$

(14) $4 \times 10 =$

(15) $5 \times 5 =$

(16) $3 \times 9 =$

(17) $4 \times 4 =$

(18) $5 \times 7 =$

(19) $3 \times 8 =$

(20) $4 \times 1 =$

■ Multiply.

(1) $5 \times 1 =$

(2) $3 \times 2 =$

(3) $4 \times 9 =$

(4) $5 \times 6 =$

(5) $3 \times 10 =$

(6) $4 \times 5 =$

(7) $5 \times 8 =$

(8) $3 \times 7 =$

(9) $4 \times 3 =$

(10) $5 \times 4 =$

(11) $5 \times 10 =$

(12) $4 \times 3 =$

(13) $3 \times 1 =$

(14) $5 \times 8 =$

(15) $4 \times 5 =$

(16) $5 \times 6 =$

(17) $3 \times 2 =$

(18) $4 \times 4 =$

(19) $5 \times 9 =$

(20) $4 \times 7 =$

Review
Multiplication 1 to 5

Name

Date
/ /

To parents/guardians: When your child has finished this book, give them the Certificate of Achievement found on the final page. Multiplication is a difficult skill to master. Make sure to congratulate your child for completing this workbook!

■ Multiply.

(1) $1 \times 3 =$

(2) $2 \times 7 =$

(3) $3 \times 9 =$

(4) $4 \times 4 =$

(5) $5 \times 6 =$

(6) $4 \times 8 =$

(7) $1 \times 5 =$

(8) $2 \times 10 =$

(9) $5 \times 2 =$

(10) $3 \times 8 =$

(11) $3 \times 2 =$

(12) $4 \times 3 =$

(13) $5 \times 9 =$

(14) $1 \times 10 =$

(15) $2 \times 5 =$

(16) $4 \times 9 =$

(17) $5 \times 4 =$

(18) $1 \times 7 =$

(19) $2 \times 8 =$

(20) $3 \times 1 =$

■ Multiply.

(1) $5 \times 1 =$

(2) $1 \times 2 =$

(3) $2 \times 4 =$

(4) $3 \times 6 =$

(5) $4 \times 10 =$

(6) $1 \times 6 =$

(7) $2 \times 8 =$

(8) $3 \times 7 =$

(9) $4 \times 3 =$

(10) $5 \times 4 =$

(11) $2 \times 10 =$

(12) $3 \times 2 =$

(13) $4 \times 1 =$

(14) $5 \times 8 =$

(15) $1 \times 5 =$

(16) $3 \times 4 =$

(17) $4 \times 2 =$

(18) $5 \times 3 =$

(19) $1 \times 9 =$

(20) $2 \times 7 =$

Certificate of Achievement

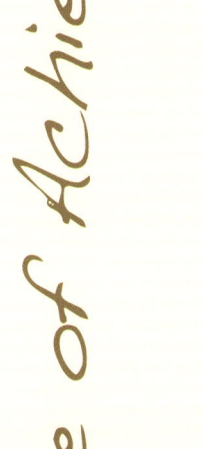

is hereby congratulated on completing

My Book of Simple Multiplication

Presented on _____ , 20____

_____
Parent or Guardian